De Man Naar De Klok: Blyspel...

Abraham Maas, Theodor Gottlieb von Hippel

❖ ❀ ❖

A A N

HET KUNSTKWEEKEND

TOONEELGENOOTSCHAP,

ONDER DE ZINSPREUK

DEUGD en VERMAAK,

BINNEN

A L K M A A R.

Kon, o braave en eedle vrinden!

In 't verloopen fpeelfaizoen,

U myn Middennacht voldoen;

Mogt ik, tot myn vreugd, bevinden,

Dat uw kunstmin, dat uw vlyt

Aan dat blyfpel was gewyd;

Hoorde ik uwe ſpeeltooneelen

Daveren van 't handgeklap,

Toegejuicht, op elke ſtap,

Aan uw kunst en geestryk ſpeelen.

'k Vind my, door dien lof bekoort,

Andermaal thans aangeſpoort,

Dit tooneelſpel u te wyen.

Valt het weder in uw' ſmaak,

Leest en ſpeelt het, met vermaak,

't Zal my, als voorheen, verblyen.

Leeft voorſpoedig, leeft gezond,

Slyt nog meenig' avondſtond,

Vreedzaam, vrolyk in uw' tempel;

Kweekt, al ſpeelend, deugden aan,

Die de dweepzucht ſtom doen ſtaan,

Zweept de boosheid van uw' drempel.

Dan,

Dan, dan zal, van jaar tot jaar,

Meenig deugdzaam redenaar

Uw genootſchap belpen ſchraagen;

Dan zult ge, elken wintertyd,

Spyt den laster, ſpyt den nyd,

Blinkende laurieren draagen.

Zoo vier' van uw maatſchappy,

't Nakroost eens een eeuwgety.

M.

VER-

VERTOONERS.

ORBIL.

WILHELMINA, dogter van Orbil.

VALERIUS, Minnaar van Wilhelmina.

DE MAGISTER.

LIZETTE, kamenier van Wilhelmina.

JAN, knegt van Valerius.

Het tooneel verbeeldt eene kamer in 't huis van Orbil, voorzien van verscheidene uurwerken.

D E
MAN naar de KLOK.

B L T S P E L.

EERSTE TOONEEL.

O R B I L, *alleen.*

't Is troostlijk, vind ik, als een vader dus moet wachten
Naar zijne dochter !.... 't Is wêer nieuwe ftof tot klachten !
          (Hij ziet op 't uurwerk.)
't Is elf geflagen... Elf!.. En nog verfchijnt zij niet....
Wilhmina !.. Ach !.. Wat baart dat talmen mij verdriet.
Al weder een minuut... Is dat een huis van orden?
Wêer twee feconden...Zou een mensch niet razend worden?
Hoe weinig zweemd zij naar haar moeder , ach ! nu dood !
Dat was eene andere , een geregelde echtgenoot'
In al haar werk.   Hoe wist zij zich naar mij te fchikken !
Zij had geen klok van doen. Zij telde de oogenblikken ,
Als ze iets verrichten moest... Geduld , al metter tijd...
Licht raak ik , binnen kort , mijn Wilhelmina kwijt ,
En is zij weg , wie weet , wat ik dan gaa beginnen...

          A   Ik

Ik word . . . Ik word... Laat ik mij eens bedaard bezinnen,
Den vierentwintigſten December... Ja, zoo waar!
Des avonds, net kwartier voor tienen, vijftig jaar.
Mijn leeftijd, die tot hier eenvoudig is gebleeven,
Gaf mij gezondheid, zoo, dat ik wel licht beleeven
Zou kunnen, dat ik nóg meer erfgenamen zag...

(Hy ziet op 't uurwerk.)

't Is reeds kwartier... En nog komt zij niet voor den dag...
Wilhmina! ..

TWEÉDE TOONEEL.

WILHELMINA, ORBIL.

WILHELMINA.

Vader!

ORBIL, *haare ſtem nabootſende,*

Kind!

WILHELMINA:

Het heeft zoo pas geflagen.

ORBIL, *driftig.*

't Schijnd, dat gij, door uw taal, op nieuw mij zoekt te pla-
En reformatie in mijn klok begeert te doen.   (gen,

Is

Is dat een handel voor een juffrouw van fatzoen?
Zyn dit de blijken van een welgeregeld leeven;
De vrucht van 't onderwijs, door mij aan u gegeeven?..
't Is pas geslagen!.. Spreek...

WILHELMINA.

Het is, gelijk ik zeg.

ORBIL, *driftig.*

Wat zegt gij?

WILHELMINA.

'k Zeg het sloeg, toen ik mij gaf op weg.

ORBIL.

Wel nu?

WILHELMINA.

Het sloeg kwartier.

ORBIL.

'k Geloof u wel in deezen;
Maar de afspraak was, dat gij ten elven hier zoud weezen.

WILHELMINA.

Kwartier daar over. Ik verzeker 't u papa!

A 2

ORBIL.

En ik verzeker u, dat 't daar aan twijfel heb.

WILHELMINA.

Wat mijn gehoorzaamheid belangd., hebt gij geen reden
Van twijf'len. Nooit zal ik mijn plichten overtreden.

ORBIL, *ter zijde.*

Moest ook Magister eerst?... Licht heb ik mij vergist.
Laat zien... Zes, zeven, acht, tien, elf... O Ja! zoo is 't.
Zij heeft gelijk. O Ja!.. Hij heeft geen woord gehouwen.
Gij hebt gelijk, mijn kind!.. Ik kan niet meer vertrouwen
Op mijn geheugen, mijn geheugen, meisje! hoor
Ik ben vergist, vergist... Ik nam, op gistren, voor,
Dat, tegen elven, een goed vrind bij mij zou komen,
Met wien ik, nevens u, voor vast, had voorgenomen
Te hand'len van een zaak van 't uitterste gewigt.
Hij wierd voorzeker ziek, schoon 't mij niet is bericht:
Want aan goede orde kan het nimmer hem ontbreken,
Hoor dochter!

WILHELMINA.

Als gij wilt... Wilt vrijlijk met mij spreeken.

ORBIL.

Ik heb een oogmerk, om u uit te trouwen, kind!

WIL-

WILHELMINA.

Hoe mij?

ORBIL.

o Ja, gewis! en deeze goede vrind,
Dien ik befteld had... Maar ik tracht haar uitte vragen...
Kend gij Valerius?   [*Ter zijde.*]

WILHELMINA.

Ja, die kan elk behagen.

ORBIL.

Naar mij gezegd is, is hij rijk.

WILHELMINA.

Ja Vader!

ORBIL.

                              En
Ook van een goed geflacht.. En, fchoon ik hem niet kenn',
Galant.

WILHELMINA.

o Ja!

ORBIL.

En, zoo 't mij voorkomt, een verliefde
Op mijne dochter.

WILHELMINA.

Ja, wijl lang mijn oog hem griefde.

ORBIL.

En mijne dochter zou, wijl zij toch minnen moet,
[Dat 's buiten tegenfpraak,] om zijn' perfoon en goed,
Hem, buiten twijfel, voor alle andre mannen kiezen?

WILHELMINA, *na eene kleine tusfchenpoozing.*

Ja Vader!

ORBIL.

En, met hem, haar vrijheid ook verliezen,
Door hem te trouwen?

WILHELMINA.

Ja.

ORBIL.

Neen dochter! ik zeg neen!...

WILHELMINA, *ter zijde.*

Ik ben verraden!

ORBIL.

Ik fpreek net, zoo als ik 't meen'.

Mijn

Mijn heer Valerius kan wel uw minnaar weezen,
Maar daerom juist voor mij geen fchoonzoon. O,'k zou vree-
Hij is een juist portret der ongeregeldheid : (zen !,,
Want hij ftaat op, als 't hem in 't hoofd komt. Dat 's gezeid,
Om zeven, 't zij om acht, het zij om neegen uuren.
Een wondre levenswijs. Dat zijn bij mij maar kuuren!
Hij heeft geen' vasten dag, als andre brave liên,
Waar op hij zich dan thee, dan koffij aan laat biên.
Des middags leid hij ook een ongeregeld leeven.
Dan word de tijd hem door den honger voorgefchreven,
Wijl hij om twaalv, of een of twee aan tafel gaat,
En, in zijn eeten, houd hij ook al wêêr geen maat,
Door, zonder op 't aloud gebruik des lands te letten,
Maar in te flaan, wat hem zijn hospes voor wil zetten.
Hoe meen'ge zondag gaat voorbij, gansch onbedagt,
Dat hem geen roode kool op tafel word gebragt.
Den woensdag, nevens dien van vrijdag, beide dagen,
Waar op, door 't gansfche rijk, vast visch word opgedragen,
Kent hij misfchien ook niet... In 't kort, zoo als hij waakt,
Zoo flaapt hij ook, wijl hij zich zelv' geen voorfchrift maakt.
Van avond zit hij ligt, ten tienen, nog te fpeelen,
't Zij ombre of in het bord, en 't zal hem niet verveelen,
En morgen legt hij, op dien zel'den tijd, te bed,

WILHELMINA.

Maar Vader!..

A 4

O R,

ORBIL.

Neen! daar moet een vaste tijd gezet.
Valerius is goed aan 't hof. Daar leerd men waaken,
En van zijn' dag den nacht, den nacht zijn' dag te maaken.
Maar nimmer in een huis van een' geregeld man....
Gij kend mijn leeftrant kind! gij zijt 'er kundig van,
Ik sta niet uit mijn bed, naar louter welbehagen,
Maar juist om dat mijn klok zes uuren heeft geslagen.
Het zij dan, dat ik lang geslapen heb, of niet.
'k Ga niet naar bed, om dat de vaak mij zulks gebied,
Maar om dat zich de klok van tienen heeft doen hooren,
Deeze is de levenswijs, die ik mij heb verkoren.
Mij is bekend, wat ik, indien het God behaagd,
Dat deeze dag voor mij, na twalef maanden, daagd,
Des middags eeten zal. Ook kan ik u doen weeten,
Wat ik, een jaar geleên, des middags, heb gegeeten...
En, met dat alles, hoe 'k mij hoede voor gevaar,
Word ik de vlagen van kolijk somtijds gewaar,
Die mij doen vreezen, wijl zij niet veel goeds voorspellen...
Kan nu Valerius, door dus zich zelv' te kwellen,
Welvarend blijven, bij die ongeregeldheid?
En kunt ge, als, op den duur, hij zulk een leven leid,
Gezonde kinderen, uit uwen echt, verwachten?...
Spreek zelve... Wil mijn' raad en voorzorg niet verachten.

WIL-

WILHELMINA.

Maar....

ORBIL.

Zwijg. 't Is nog niet uit... Ik weet volftrektlijk niet
Hoe hij zijn werk verricht; doet, dat door hem gefchied.
Hij is, voor eenen man, die zijnen plicht wil kennen,
Mij veel te flof en los... Ik moet 'er mij aan wennen:
Want als hij bij mij komt, houd hij mij telkens op.
Ik denk fomtijds heeft hij wel herfens in zijn' kop...
Ik vraag hem, om, op zijn orlogie, mij te zeggen,
Hoe laat het is. En ziet!.. Hij heeft het laaten leggen...
'tIs t'huis... En vraage ik wêer, waarom liet gij het t'huis?...
't Staat ftil... Is dat een man?., Hij was voor mij een kruis.

WILHELMINA.

't Kan zijn, dat hij...

ORBIL.

Maar hoor... Ik laat u zelve fpreeken,
'k Wend, voor een oogenblik, het oog van die gebreken
Naar die manier, waar op hij mij te kennen geeft
De teedre liefde, die hij voor mijn dochter heeft.
Hij prijst u... Maar wie moet niet lachen om die kluchten?.,
In 't zelfde tijdftip loost hij de allerdiepfte zuchten,

En

En dit herhaald en doet hij telkens, als hij van
Zijn Wilhelmina en zijn liefde fpreeken kan...
Ik heb het ook beleeft, mijn kind, dat ik eens trouwde,
En aan uw' grootvaar mijn genegenheid ontvoude,
Maar nimmer kwam ik zoo onnoozel voor den dag.
Mijne aanfpraak was terftond, toen ik dien grijsaard zag:
Mijn heer! uw dochter is bekoorlijk... 'k Min haar teeder.
Daar op nam ik een' ftoel, en zette mij ter neder;
Kreeg mijn orlogie... Keek.. En zei: het word vrij laat,
Laat ons vereenen in den huwelijken ftaat.
Dat is de rechte trant.

WILHELMINA.

Ik bid u, hoor mij fpreeken...

ORBIL.

Valerius, mijn kind, heeft niet alleen gebreken,
Maar is, in zijn geheel, een ongeregeld mensch.
Gij weet, wat werk ik deed, op dat ik, naar mijn' wensch,
Een echt bericht van zijn character mogt ontvangen...
Gij zult zijn vrouw nooit zijn; hij nooit uw hand erlangen...
Dat 's kort en zakelijk... En, om mij zelv' voortaan
Van zijn' perfoon en romanesk bezoek te ontflaan,
Zult gij, zo fchielijk, als 't maar kan, een' and'ren trouwen.

WILHELMINA.

Ach! vader!..

OR-

ORBIL.

Anders niet!.. 't Zou mij gewis berouwen.

[*Hij ziet naar de klok, en verfchrikt.*]

't Is half!.. Ik ben ontfteld... Dus het vervolg hier na.
Weet, dat ik. buitens huis, van daag, uit eeten gaa.
Pas op, niet langer aan de tafel te verblijven
Dan naar gewoonte.. Laat mij niet, op nieuw, wêêr kijven...
Het voor- en nagebed zeer klaar, dat 's mijn bevel,
Zeer duidlijk, overluid te fpreeken! hoort gij 't wel?
Ik heb eens van een zeer bekwaam doctoor vernomen,
Zal 't heilig eeten, na 't gebruik, ons wel bekomen,
Een wel geregelde orde, [en 'k houw dit voor gewis,]
Ruim zoo nóodzaaklijk, als de fpijsverteering, is...
Zoo als 't gezeid is, kind. Gij hebt mij wel begrepen...
'k Zei overluid en klaar;.. Niet momplend of beneepen...
't Is zoo beklaaglijk, dat zeer veele jonge liën
't Nut van de gulden les der ouderen niet zien.
Maar ze ondervinden 't eerst, ten laatfte, tot hun fchade,
Doch dat gezicht komt dan, gemeenelijk, te fpade,
En de ouderlijke raad is vruchteloos befteed...
Zorg, dat gij ook de kaas en boter niet vergeet.
Die moet gij, eens vooral, altoos op tafel zetten.
Men doet altoos niet, als ik weg ben, naar mijn wetten,
't Is meer dan eens gebeurd, wanneer ik elders at,
Dat men de boter en de kaas, helaas! vergat,

Een

Een kostlijk nagerecht, goed om de maag te fluiten...
Gebak en taarten keur ik af en fluit ik buiten,
En ieder middagmaal, dat met geen foep begind,
Met kaas en boter eind, behaagd mij niet, mijn kind!

   [Ter zijde, terwijl hij zijn' hoed en flok
    opvat, en zijn' rok affchuiert.]

De hemel weet, hoe graag ik heden t'huis zou blijven;
Hoe mij dat uitgaan grieft... Maar wat zal ik bedrijven?..
't Zijn waare vrienden, die mij noodigen, ja meer...
't Zijn bloedverwanten; hun verzoek ftrèkt mij tot eer...
Maar zijn zij dan zoo blind? [mag ik mij dus eens uiten,]
Dat zij mijn' wêêrzin, uit mijn' handel, niet befluiten;
Uit zulk een voorfchrift, als ik hun gedurig zend,
Als zij mij noodigen, en ik mij derwaards wend':
Want 's avonds voor dien dag, laat ik hun altoos weeten,
Door een naauwkeurig lijstje, al wat ik t'huis zou eeten
En drinken, en ik eet en drink ook niets, dan dat
Mijn fpijs geweest zou zijn, zoo 'k t'huis gegeeten had.

     [Tegen Wilhelmina.]

Adieu! mijn dochter! nu, tot weerziens... Denk om bidden
En danken; kaas en boter.. 'k Laat u midden
In 't huisgezin. Ik kan niet langer, ik moet gaan.
'k Laat alles, wat ik fprak, op uw geweeten ftaan,
Ik wagt u hier weerom, op 't klokflag van twee uuren.
Gij hoort het... 't Moet geen twee feconden langer duuren.

      [Hij vertrekt.]

       D ER-

DERDE TOONEEL.

WILHELMINA, alleen.

o Ramp! Valerius en ik verraaden, door
Mijne onvoorzichtigheid, waar door ik hem verloor,
Ik, ik in de armen van een' andren!.. Hij rampſpoedig!..
Hij ongelukkig!.. Ach! ik ben geheel mismoedig.
En, om wat reden toch? wat heeft die heer misdaan?
Niets anders, dan dat zijn orlogie ſtil bleef ſtaan;
Dat hij geen vaste thee... Geen vaste koffijdagen
Wil houden... Grillen, die geen ſchepſel kan verdragen.
Dat hij, des zondags, ook geen roode kool verkiest.
Ziet daar de reden, dat mijn minnaar mij verliest.
Ik word ſchier radeloos... Wat zal ik doen in deezen?
Ik moet mijn' vader, dit gaat vast, gehoorzaam weezen,
Ik ben zijn dochter, en, als dochter, eischt mijn plicht
Dat mijn gedrag naar zijn bevel worde ingericht,
Schoon hij, die vaak mijn hart, door duizend harde zaaken,
In opſtand heeft gebragt, de maat nu vol wil maaken
Van al mijn rampen, door een zaak, waar van ik gruw'!..
Door te eisſchen, dat ik naar zijn zakorlogie huuw'...
Maar mooglijk is hij niet zoo wreed, als mijn gedachten
Mij hem verbeelden... 'k Moet hem niet te veel verachten.
Hoe teêr heeft hy, voorheen, myn moeder niet bemind.
En, is zyn hard gedrag voor my, zyn eenig kind;

Zyn

Zyn zyn verrichtingen; zyn grillige bedryven
Niet eenig aan zyn vreemd character toe te fchryven?..
't Is of ik nog de ftem van myne moeder hoor;
Op 't oogenblik voor zy het levenslicht verloor:
„ Eer uwen vader, en gy zult gelukkig leeven:"
Ik zal hem eeren; zyn bevel niet wederftreeven.
Valerius!.. Maar ach! is 't niet zyn eigen fchuld?..
Waarom gebruikt hy met myn' vader geen geduld,
Door zich te fchikken naar zyne eigenzinnigheden.
Dit vorderd zyne min; dit vordren plicht en reden.
Maar is Valerius my wel genoeg bekend?
Men kan, hoe groot een vlyt, door ons, worde aangewend,
Het hart eens minnaars zeer bezwaarlyk nog doorgronden.
Dit heeft een minnares zeer dikwils ondervonden...
Licht is hy, inderdaad, nog te onbefchaafd; niet goed
Voor zulk een meisje, dat zoo ftyf is opgevoed.
Ach! Ach!..

[zy fchreit.]

VIERDE TOONEEL.

WILHELMINA, LIZETTE.

LIZETTE.

Mejuffrouw fchreit?

WILHELMINA.

Ja.

L l-

LIZETTE.

Mag ik de oorzaak weeten?

WILHELMINA.

Valerius...

LIZETTE.

Heeft licht zyn min voor u vergeeten?

WILHELMINA.

O! aan zyn liefde floeg ik nimmer twyfeling.
Zyn hart is te edel; hy zogt nooit verandering.

LIZETTE.

Hy mint u, en gy fchreit?

WILHELMINA.

Hy mint my, en 'k moet fchreien.

LIZETTE.

Wilt gy dan liever, dat hy daar meede uit zal fcheien?

WILHELMINA.

Neen, dat zy verr' van my! maar ik beween een' man,
Wiens teedre liefde ik met geen wêêrmin loonen kan.

LI-

LIZETTE.

Gy scherst.

WILHELMINA.

o Neen! ik kan niet schertsen onder 't weenen.

LIZETTE.

Bemint gy hem dan niet zoo teeder, als voorheenen?

WILHELMINA.

o Neen!

LIZETTE.

Wel arme heer Valerius!

WILHELMINA.

Dat 's waar.

LIZETTE.

Maar waarom niet?.. Gy schynt geboren voor elkaar.
Een man, zoo braaf, zoo schoon, zoo waard van elk bekeeken,
Die over het geheel...

WILHELMINA.

Bezet is met gebreeken...
Waar door hy my, misschien, in onheil nederstort.

L 1.

LIZETTE.

Myn lieve Juffrouw! gy doet waarlyk hem te kort,
Laat af van zulk een taal, 't zyn woorden, die hem hoonen:
Want welk gebrek zou in een' Jongman kunnen wonen,
Die voor zyn Wilhelmine in zuivre liefde blaakt;
Die, door gefchenkjes, op den duur, my vrolyk maakt
Voor myn dienstvaardigheid, aan wien ik ben gehouwen;
Een' Jongman eindlyk, die zyn' knecht wil laten trouwen...
O neen, ik weet niet, welk gebrek hy hebben zou.

WILHELMINA.

Myn vader zou 't u wel beduiden, zoo 'k vertrouw'.

LIZETTE.

't Is dan de wil van uw' heer vader, die uw zinnen?..

WILHELMINA.

Myn vader wil, dat ik hem niet meer zal beminnen.

LIZETTE.

En gy wilt ook?..

WILHELMINA.

Ik wil aan hem gehoorzaam zyn.

LIZETTE.

En baard u dat bevel die droefheid, fmert en pyn?..

B   Ik

Ik wil uw' vader wel by zulke mannen tellen,
Die zakorlogies en pendules kunnen ftellen;
Op zonnewyzers en zulk tuig zich wel verftaan,
Maar wat de liefde van zyn dochter aan moog' gaan,
Ik zeg het voor de vuist, in zulke foort van zaaken
Kan hy geen raadsman zyn, die goed is. Hy zou maaken...
Maar wat begeert hy dan, dat gy beginnen zult?

WILHELMINA.

Een' andren trouwen. En wat zal ik?.. Als geduld...

LIZETTE.

Maar welk een' minnaar of hy aan u op wou dragen?

WILHELMINA.

Dat kon hy flus niet doen, de klok had half geflagen.

LIZETTE.

Die fraaije minnaar zal, bedenk ik my te recht,
Een nachtwacht zyn, of een orlogiemakersknecht,
Dat volkje word, zoo 'k hoore, alleen van hem gepreezen.
Zy wierden meenigmaal van hem genoemd, voor deezen,
Bevorderaars der ruste en welvaart van het land,
Alleen befchonken met goed oordeel en verftand.
En, zoo 't maar met zyn' ftaat iets over een kon komen,
　　　　　　　　　　　　　　　　　　　Dan

Dan durf ik wedden, dat hy vast heeft voorgenomen,
Uw hart te neigen, dat gy een' van beiden kiest...
'k Beklaag Valerius, indien hy u verliest.

WILHELMINA.

Valerius wierd van myn' vader flus befchreeven,
Als leidde hy geheel een ongeregeld leeven,
Als iemand los en woest; als een', die nimmer weet,
Wanneer hy opftaat, of naar bed gaat, drinkt of eet;
Die zonder keukenlyst...

LIZETTE, *haar klugtig in de rede vallende.*

Die nooit wynchocolade,
Op hooge feesten drinkt. Die nimmer gaat te raade
Met zyn gezondheid, en, fchoon niets hem kwelt of deert,
Niet alle maanden, op het flaan der klok, purgeert.

WILHELMINA.

Maar daar komt Jan. Ik gaa. Ik wil hem niet aanfchouwen.

LIZETTE.

Ik mag hem evenwel wel zien? wil ik vertrouwen.

WILHELMINA, *verlegen.*

O ja!

LIZETTE.

En tevens met hem fpreeken?

WILHELMINA.

'T Staat u vry.
[*Zy vertrekt.*]

VYFDE TOONEEL.

LIZETTE, JAN.

LIZETTE.

Zyt gy daar, goede Jan?.. Och jongen hoor naar my.
Myn heer Valerius, helaas!

JAN.

Helaas!

LIZETTE.

Kan 't weezen!..
Weet gy 'er ook reeds van?..

JAN.

Zou 'k niet! gy fchynt vol vreezen.
Maar mag ik weeten, uit wiens mond gy 't hebt gehoort?

LI-

LIZETTE.

Van Wilhelmina... Maar hoe ziet gy zoo verstoort?

JAN.

En Wilhelmina?

LIZETTE.

Die vernam dit van haar' vader,
Den heer Orbil,

JAN.

Hou op, verklaar u maar niet nader,
Gy maakt my boos.. Ik zie nu duidelyk en klaar,
Dat ieder minnaar; elk verliefde een babbelaar,
Een lostong is, zoo groot, als de aarde ooit heeft gedragen.
Myn heer heeft my gedreigd, met harde en zwaare slagen,
En, met verbeuring van zyn gunst, die ik geniet,
Indien ik hier van iets aan iemand blyken liet...
En aan mejuffrouw Lysje is alles reeds gebleken,

LIZETTE.

Een vriendlyk compliment!.. Maar mag ik ook eens spree-
My dunkt, al wat aan Jan bekend is...   (ken?

JAN.

Mag aan geen
Een levendige ziel, in huis, bekend zyn... Neen!..

B 3

LIZETTE.

En Wilhelmina?..

JAN.

Die, vooral niet..

LIZETTE.

'k Zou haast denken,
Dat eenig toeval u de hersfenen kwam krenken.
Zou Wilhelmina, die 'er 't meest belang in heeft,
Niet mogen weeten?

JAN.

Neen! wyl 't haar maar hartzeer geeft.
't Was over tyds genoeg, wanneer zy 't wist by 't trouwen.

LIZETTE.

By 't trouwen, dat is af. Dat zult gy nooit aanfchouwen.

JAN

Wil dan myn heer Orbil zyn dochter, naar ik hoor,
Myn' heer niet geeven, nu hy al zyn goed verloor?

LIZETTE.

Hy zyn vermogen kwyt!.. Ik fta als opgetogen.

JAN

JAN.

Ik ben verbaast!..

LIZETTE.

Is dit een wonder in uwe oogen?
Daar gy van alles wist?

JAN.

Waarom staat gy verstomd?
Daar alles uit de mond van Wilhelmina komt.

LIZETTE.

Heeft immer Wilhelmine aan my de maar doen hooren,
Dat heer Valerius zyn goedren heeft verloren?

JAN.

En wie heeft ooit gezegd, of 't was wanneer ik sliep,
Dat heer Valerius by haar een blaauwtje liep.

LIZETTE.

Wy hebben, zekerlyk, malkandren niet begreepen.

JAN.

En, in ons ambacht nog niet al te zeer doorslepen,
Malkandren, onbedagt, een zeekre zaak gezegd,
Aan wier geheim ons elk zeer veel geleegen legt.

LIZETTE.

Pas op dan, dat gy zwygt.

JAN.

Ja, als gy maar kost zwygen.

LIZETTE.

Daar is myn hand.

JAN, *haar kusfende.*

Daar is myn' mond,

LIZETTE.

Nu zal 'k u krygen,
't Is vry vrypostig... Weet gy wel, wanneer uw heer
By ons zyn affcheid krygt, zyn knecht dan ook niet meer?..

JAN, *zuchtende.*

O Jan zou evenwel by Lysje komen kunnen,
En met haar trouwen, als zy 't gunstig wou vergunnen.

LIZETTE, *ter zyde.*

Die arme fchelm! myn hart zal breeken!.. 't Klopt 'er van.
[*tegen Jan.*]
Ik zal eens zien hoe 't fchikt. Maar zeg my toch eens, Jan!
Het

Het zal my, inderdaad, tot veel genoegen ftrekken,
Hoe gy die droevige geheimen kost ontdekken,
Daar heer Valerius zoo achterhoudende is?

JAN, *haar de hand drukkende.*

Dat wil ik gaarne doen, tot dankerkentenis...
Verfcheide weeken aan elkandren, tot op heeden,
Zyn veele expresfen van den vader afgereeden
Naar heer Valerius, die hy dan ook terftond,
['t Scheen dat 'er haast by was,] wêêr naar zyn' vader zond.
Ik moest nu, dit gaat vast, het eene of andre hooren,
Waar uit ik lichtlyk hun geheimen op kon fpooren.
Want zulks is voor een' man, van myn begaaftheid, licht...
Doch daags voor gistren kreeg ik eerst een echt bericht.
't Is zeker, dat myn heer dit vroeger heeft geweeten.
Zyn droevig weezen, dat ik nimmer zal vergeeten;
Zyn achterhoudend; zyn melancholiek gedrag,
Dat hy reeds lang vertoonde, en toenam dag aan dag,
Voorfpelde my niets goeds. Op heden kreeg hy brieven,
Wier inhoud zyne ziel geweldig fcheen te grieven.
Hy las ze naauwlyks half, of zond my herwaards heen.

LIZETTE.

En wat moet monsjeur Jan hier doen?.. Om welke rêên...

B 5   JAN.

JAN.

In de eerste plaats komt Jan zyn lieve Lijsje groeten.
En, heeft hy het geluk en de eer van haar te ontmoeten,
Het nedrig compliment te maaken van zyn' heer
Aan juffrouw Wilhelmine, of hy 't geluk en de eer
Zou mogen hebben, die aanminnige te spreeken?

LIZETTE.

Het laatste, dunkt my, Jan! kunt gy wel haaten steeken...
Daar vrees ik komt niet van, wyl onze juffrouw eet.

JAN.

't Is echter noodig, dat zy myne boodschap weet'.

ZESDE TOONEEL.

VALERIUS, LIZETTE, JAN.

VALERIUS.

o Ja! ik wil, ik moet by Wilhelmina weezen.
Haar vader is niet t' huis, dus is 'er niets te vreezen.
Dit weet ik, en dat hy niet haastig komen zal.
En ziet al kwam hy... Ik bekreun 't my niet met all'.

JAN.

Hy zal voorzeker zich op ons bezoek beroemen?

VA:

VALERIUS.

'k Brand van verlangen, om myn' vader hem te noemen.

JAN, *ter zyde.*

't Kan zyn, myn heer! maar of hy ook van zynen kant,
Wel van verlangen, om u zoon te noemen, brand,
Dat is eene andre vraag.

VALERIUS, *iets aan Lizette geevende.*

Kan my uw Juffrouw wachten?

LIZETTE, *'t geschenk beziende.*

Ik denk het niet, myn heer!.. 't Zyn echter maar gedachten...

VALERIUS, *haar nog iets geevende.*

Nu doe uw best.

LIZETTE.

Ja, maar ik twyfel...

VALERIUS, *haar wederom iets geevende.*

Myn geluk...

LIZETTE.

'k Zou nog wel denken...   [*Zy vertrekt.*]

VA-

VALERIUS.

Ach! verlicht myn fmart en druk.

JAN, *ter zyde.*

Dat 's juist een meisje naar myn' trant... Mogt ik haar trou-
(wen.

ZEVENDE TOONEEL.

VALERIUS, JAN,

VALERIUS.

Hier Jan!

JAN.

Myn heer!

VALERIUS.

Hebt gy Lizette al onderhouwen ?

JAN.

Ja, over zaaken van het uiterfte gewigt.

VALERIUS.

Gaf zy u van Orbil behoorelyk bericht?

Wat

Wat zei zy u van my?.. Wist zy ook iets te zeggen
Van Wilhelmina?.. 'k Wil, dat gy 't my uit zult leggen,
Het zy dan, wat het zy... Heeft zy u iets ontdekt?..

JAN.

Ja, ja, ja, ja, myn heer!

VALERIUS.

'k Geloof, gy met my gekt.

JAN.

Vergeef het my, myn heer! maar op vier vraagen paſſen
Ook vier berichten.

VALERIUS.

Maak een eind van die grimasſen,
Zeg my...

JAN.

't Gewigtigſte van ons geſprek, niet waar?
Was... Dat my Lysje mind, niet minder als ik haar.

VALERIUS.

Houd gy my voor den gek?

JAN.

JAN.

Dat zal ik my wel wachten.

VALERIUS.

Zy fprak van Wilhelmine en my, naar myn gedachten?

JAN.

Van alle beide.

VALERIUS.

En wat?.. Ik wil, dat gy 't verklaart.

JAN.

Zy vroeg aan my, myn heer! of gy welvarend waard.

VALERIUS, *hem willende flaan.*

Gy zult het zeggen, fchelm! of anders moogt gy fchroo-
(men.

JAN.

Ik zeg... Ik zeg... Myn heer! maar 'k zie Wilhmina ko-
(men.

ACHT-

ACHTSTE TOONEEL.

WILHELMINA, VALERIUS, LIZETTE, JAN.

VALERIUS.

Gun, Wilhelmina! dat uw minnaar u begroet'.
Met een vervrolykt hart; een opgeklaart gemoed,
Niet met dat ftroef gezicht; die donkre wezenstrekken,
Die gy, natuurlyk, zoo veel weeken, moest ontdekken
In myn gelaat, en die uw oog, met wêerzin, zag.
Neen! gun, dat ik met u myn blydfchap deelen mag.
Weet, dat ik, zoo terftond, een tyding heb bekomen...

WILHELMINA.

Een tyding!.. Zegt gy?.. Hebt gy mooglyk reeds vernomen
Dat ik, na deezen, u niet meer beminnen zal?..
Dit eischt myn vader, en zyn wil gaat boven al.

VALERIUS.

Ach! fchoonfte Wilhelmine! ach! my niet meer beminnen;
Dit eischt uw vader?.. Maar wat wilt gy dan beginnen?
Hoe klopt myn hart van fchrik... Ik val voor u te voet...

WILHELMINA.

Vraag naar myn' wil niet, maar wat ik, als dochter, moet.

VA-

VALERIUS.

En wat begrypt gy, dat een dochter moet, in dezen?

WILHELMINA.

Een dochter moet, naar myn begrip, gehoorzaam weezen.

VALERIUS.

o Hemel! ben ik dan veroordeeld tot verdriet?
Altoos veroordeeld... Ach! dat hoop ik immers niet!..
Pas ben ik zeekere bekommering ontkomen,
Die my, eerst deezen dag, is uit den weg genomen;
Die ik voor Wilhelmine omzigtiglyk verborg,
Niet uit verlegenheid, bevreesdheid, angst of zorg,
Dat my 't verloren goed haar hart zou doen verliezen...
Neen, ze is te groot van ziel, om hier party te kiezen!
Maar myne min voor haar was veel te sterk, dan dat;
Door myn verlegenheid, die ziel wierde afgemat...
Myn vader vond zich in omstandigheid van zaaken,
Waar in hy al zyn goed scheen kwyt te zullen raaken.
Maar op dit oogenblik ontvang ik tyding, dat
De vrees voor by is, die hy voor die goedren had.
Ik vlieg naar Wilhelmine, om haar myn vreugd te toonen,
En Wilhelmine...

WILHELMINA.

Zou daar voor u graag beloonen,
Dewyl zy deel neemt in uw welzyn; u bemind.
Moest zy niet·handelen, als een gehoorzaam kind.

VALERIUS.

Gehoorzaam aan uw hart... Laat ons gelukkig leeven;

WILHELMINA.

Dat kan ik u, ten zy myn vader wil, niet geeven...
Maar ach! Valerius! wat doet het my verdriet;
Waarom wist gy u naar 't humeur myns vaders niet
Te fchikken?.. 't Is een man, waarachtig goed van harte,
Schoon grillig in zyn doen... Nu is het; tot myn fmarte,
Te laat... Valerius zal uw gemaal niet zyn...
Zoo fprak myn vader, tot myn droefheid, leed en pyn.
Hy leid, ten eenemaale; een ongeregeld leeven,
Gy zult...

VALERIUS.

Waarfchynlyk... U niet in den echt begeeven..

WILHELMINA.

Neen!.. Trouwen met een' heer, die beter hem beviel.

VALERIUS.

Dat is te veel voor eene aandoenelyke ziel.
Maar is 'er dan volftrekt geen middel uit te vinden?..
Spreek Jan! Lizette! zyt gy, inderdaad, myn vrinden,
Schenkt my uw' byftand dan, en denkt een middel uit,
Dat deezen vader doet verandren van befluit...
Hy heeft den naam van ongeregeld my gegeeven,
Maar heb ik dat verdiend?.. Wat heb ik toch bedreeven?..

LIZETTE, *de fpraak van Orbil nabootfende.*

Zeg my, wanneer de zon, van daag, is opgeftaan?

VALERIUS.

Wel, in den morgenftond.

LIZETTE.

Wanneer zal ze ondergaan?

VALERIUS.

Wel te avond.

LIZETTE.

Zoo! en wilt gy dan geregeld heeten?..
Neen, die geregeld leeft, moet net de tydftip weeten,
Op een minuut, op een feconde naar, wanneer

De

De zon verrees en ook wêêr onderging, myn heer!
Hoe kan hy anders juist zyn zakorlogie ftellen?

VALERIUS.

Daar moei ik my niet mêê.. Zou ik my daarom kwellen?

LIZETTE.

Zoo, kwelt ge u daar niet om?.. Dan wensch ik u geduld.
Dat 's juist de reden, dat gy haar niet hebben zult.

VALERIUS.

Lizette! ik fta verftomt, om 't geen gy my laat hooren!
Kan een verftandig man zich aan die gekheid ftoren.

WILHELMINA, *met een ernstig gelaat.*

Uw ronde taal, myn heer! ftrekt my tot ergernis.
Wil niet vergeeten, dat die man myn vader is.

VALERIUS.

En waarom of hy ook myn vader niet wil weezen?..
  [*driftig.*]
Ha wreede! heb ik ook uw ongenââ te vreezen?..
Heb ik verdiend, dat gy myn ongeluk bezwoerd?..
Ik voel, dat uwe taal myn hart tot wanhoop voert.

C 2

Kom,

Kom, eisch myn leeven, 'k zal het offren aan uw voeten !
Maar uwe liefde... Dat verlies kan ik niet boeten.
Gy haat my !.. Wreede dood gy toefd nog?..

JAN, *fchielyk op zyne knieën vallende.*

Met verlof !..
'k Heb nog een klein verzoek, eer gy verkeert in ftof.

VALERIUS.

Zwyg!

JAN.

Och, myn heer! gy kunt in 't graf niets meededragen,
Myn waarde heer! laat myn verzoek aan u behagen...
Wat komt het 'er op aan, of gy een' armen hond,
Als ik ben?..

VALERIUS.

'k Zeg u, zwyg, en hef u van den grond.

JAN.

Myn heer! ik vraag u niet om uw geheel vermogen,
Dat, dank den hemel! aan 't gevaar wêêr is onttoogen.
Een klein legaatje maar, myn allerlieffte heer!..
Dan kan myn lief Lizette en ik, wanneer wy wêêr

Naar

Naar huis toe keeren, na de plechtigheid van 't trouwen,
Op uw gezondheid, heer! eens lekker bruiloft houwen.
Wy zullen dankbaar zyn, en onze hulp u biên,
En d' ouden heer van zyn befluit licht af doen zien.
Zegt gy dat ook niet Lysje?

LIZETTE.

Ik wil het wel belooven,

JAN.

Maar zeg, hoe komen wy één zwarigheid te boven,
Die my te binnen fchiet?.. Dat zal zoo mak niet gaan;
Want als myn heer Orbil zyn dochter af wil ftaan
Aan haren minnaar, door verandring van gedachten,
Dan fterft hy niet, en ik heb geen legaat te wachten.

VALERIUS.

Wanneer de zwarigheid alleenlyk daar in legt,
Wacht dan niet op myn' dood.

LIZETTE.

Myn heer! nu gy dat zegt..,
Geloof my op myn woord, zult gy Wilhmina krygen.

C 3

VA.

VALERIUS.

Verfchoon my, Wilhelmine! en wil voor altoos zwygen
Van myne oploopenheid, zoo ze u beledigt heeft.
Geen grooter heilftaat wierd hier immermeer beleeft,
Dan de onze, zoo 't ontwerp, naar wensch, haar mag geluk-
(ken.

WILHELMINA.

Zy zal zoo licht nog geen gewenschte vruchten plukken.
Hoop niet te fchielyk, heer Valerius! o neen!
't Zal me echter lief zyn, als men u met my vereen'.

LIZETTE, *op de klok ziende.*

Maakt u gezwind van hier!.. De klok ftaat reeds by éénen.
Uw vader heeft my hier befcheiden, dies gaat heenen.
Ik overleg terwyl, wat rol hier dient gefpeelt...
Licht dat hy, heimlyk, my zyn oogmerk meededeeld,
Omtrent zyn dochter... Wilt gerust op my vertrouwen.
Zoo ras ik 't weet, zal ik de zaak aan u ontvouwen.

WILHELMINA.

Vaar wel, Valerius! ik neem myn affcheid dan.

VALERIUS, *haar de hand kusfchende.*

Denk, dat ik, zonder u, myn fchat! niet leeven kan.
[*Zy vertrekken ieder aan een byzondere zyde.*]
N E-

N E G E N D E T O O N E E L.

LIZETTE, *alleen.*

Waar moet men dikwerf, om een voordeeltje, al toe ko-
Heb ik niet, onbedacht, te veel op my genomen? (men?..
O neen, dat denk ik niet. Als ik vooreerst maar weet
Den nieuwen bruigom van mejuffrouw;.. Hoe hy heet,
En wie hy is, zal ik terftond, voor andre zaaken,
Hem trachten by den heer Orbil verdagt te maaken.
'k Zal zeggen, dat ik veel aan 't huis koom', daar hy woont;
Dat hy zich, zaturdags, niet, op den duur, verfchoont,
Ja meenigmalen zelfs niet om de veertien daagen.
Wat ik bedenken kan, dat hem maar kan mishaagen,
Zal ik verzinnen... Dat hy maanziek is... Ja meer...
Ik kryg gewis gehoor by onzen ouden heer,
Door myn bedaard gezicht. Hier op zal ik my keeren
Naar heer Valerius, en trachten hem te leeren,
Hoe hy den heer Orbil het best behagen kan,
Door zich te fchikken naar den trant van deezen man,
Dat hy hem nadren moet, voorzien, in zyne zakken,
Van twee orlogies, en een meenigte almanakken...
Wyl zyn bekomring voor 't verlies van 's vaders goed
By onzen viezen griek, natuurlyk, pleiten moet
Voor 't geen hy, in zyn oog, te voren, heeft misdreven,
Zyn losheid, namentlyk, en ongeregeld leeven.
't Gaat wel... Wie hoore ik daar?.. Het is myn heer Orbil,

TIEN-

TIENDE TOONEEL.

LIZETTE, ORBIL.

ORBIL, [*Eer hy nog te zien is.*]

Lizette !

LIZETTE.

Uw dienares , myn heer! wat is uw wil ?

ORBIL, *op zyn orlogie ziende.*

Gy zyt 'er al!.. Dat 's goed...

LIZETTE.

Daar moest niet aan ontbreken,

ORBIL.

Hoor hier eens kind! ik wilde u gaarne wel eens spreeken.
Gy hebt, tot hier toe, my getrouw en braaf gediend.
Beschouw in my een' heer;.. maar tevens ook een' vriend.
't Is net van daag drie jaar... drie maanden... vyftien dagen...
Dat wy , voor de eerstemaal, elkanders oogen zagen,
Dat ge in uw dienst kwaamt, maar het uur is my ontgaan...

LIZETTE.

't Was schemeravond.

OR-

ORBIL.

Zoo!.. Maar 'k heb niet wel gedaan,
Dat ik den juisten tyd, onachtzaam, ging vergeeten.

LIZETTE.

't Was tusfchen het ontbyt van 's avonds, en het eeten.

ORBIL.

O! dat zegt weinig... Was het uur... Precies het uur
Maar opgefchreven... Nu valt dat verzuim my zuur.
Help my onthouden, dat ik daadlyk myne boeken;
Myn' grooten almanak eens nazie... Ik zal zoeken...

LIZETTE.

En op wat tyd begeert myn heer, dat ik 't hem zeg?

ORBIL.

Kom morgen om... om... om... De zaak eischt overleg;
Zy is van groot belang; wel waardig op te fchryven...
Geen dienstmaagd moet by my een hairbreed langer blyven
Dan haare tyd verfchynd, geen oogenblik, maar gaan
Op die minuut, waar op zy kwam... Dat 's afgedaan...
't Brengt weinig zeegen in een huis; 't zyn flechte dingen,
Zyn volk, na die minuut, tot verdren dienst te dwingen,

C 5   Dies,

Dies, zoo gy, in der tyd, myn huis en dienst verlaat,
Dan moet ik weeten, dat ge op 't juiste tydſtip gaat.
De hemel hoede my; ik zou my ſchuldig maaken
Aan onrechtvaardigheid, en daar voor moet ik waaken...

[Hy telt peinzende.]

Herinner 't morgen my. Maar op wat tyd? Zes... acht...
Die uuren zyn bezet, wyl ik dan menſchen wagt.
Maar laat ik nog eens zien! tien... elf of zeven... negen...
Dan kan ik ook al niet... 't Komt alles ongeleegen.
Hoor, morgen om...

LIZETTE.

Ik bid, kwel u toch niet, myn heer!
Doet morgen ochtend uw gebed een weinig eer,
Of raſſer, dat gy een kwartier ſlegts uit kunt winnen.
Om hallef zeven moest gy dus 't gebed beginnen.

ORBIL.

O neen, dat is niet goed... Maar daar valt my iets in...
Het lied, daar 'k andersſins den morgen mêê begin,
Zal ik maar overſlaan. Dat mag wel eens geſchieden,
Wanneer een liefdewerk of nood ons dat verbieden.
't Lied duurt een half kwartier... Ik zeg een half kwartier.
Kom des, onthouw het wel, vyftien minuten hier
Voor zeven uuren, wyl gy dan te recht kunt raaken.
Dit blyft zoo vastgeſtelt.

LIZETTE.

> Hebt ge ook nog andre zaaken,
> Die gy begeert, myn heer! dat ik verrichten zal?

ORBIL.

Voor 't tegenwoordige, Lizette! niet met all'.
Maar blyf nog wat. Gy moet zoo haastig niet vertrekken,
Ik heb aan u een zaak van veel belang te ontdekken,
Die op myn dochter en haar heil betrekking heeft.
'k Wil, dat zy trouwe.

LIZETTE.   .

> Aan een', die ook geregeld leeft
> Daar is geen twyfel aan; een man van braave zeeden.

ORBIL.

o Ja! Lizette! ja! en dit is juist de reeden,
Dat ik Valerius niet voor haar kiezen kan,
Die ongeregeld leeft.

LIZETTE.

> Maar kenn' ik ook den man,
> Als ik het vraagen mag, dien gy hebt uitverkoren?

ORBIL.

Voorzeker denk ik, als ik u zyn' naam doe hooren...
Magister Blafius, een, die my zeer behaagd....
Ik heb, op gistren, een' goed vriend naar hem gevraagd;
Naar zyn character... En die vriend heeft hem befchreven
Als een', geheel gefchikt, geregeld in zyn leeven;
Een' heer, die alles op den flag der klok verricht.
Op gistren gaf hy een programma in het licht,
Waar in zyn lesfen aan vaste uuren zyn verbonden.

    [Hy haalt een gefchrift uit zyn zak,
     in goud papier genaait.]

Zie daar dat blad, ik heb het wêêrgaloos bevonden.

    [Hy leest.]

,, Van zeven tot agt; van agt tot negen; van negen
  tot tien; van tien tot elf; van elf tot twaalf; van
  twaalf tot een; van een tot twee; van twee tot drie;
  van drie tot vier;

   LIZETTE, en ORBIL, *te gelyk.*

Van vier tot vyf; van vyf tot zes; van zes tot zeven."

   LIZETTE, *ter zyde.*

Wie zag ooit grooter zot?.. Wat ongehoorde rêên!
p Dat programma werpt myn gansch ontwerp daar hêên.
       [Te-

[*Tegen Orbil.*]

Maar moet Magister zulks van uur tot uur bedryven,
Dan zal 'er weinig tyds tot trouwen overblyven,
En nog veel minder, dat hy haar bezoekt en vryd.

ORBIL.

't Is thans vacantie, en dus heeft hy nu den tyd...
Van complimenten en veele andre malle krullen,
Waar mêê de vryers hun matres de kap maar vullen,
Ben ik geen vriend... Ik hou van kort... En anders niet...
Zelfs die verlooving kon, van daag, reeds zyn geschied,
Zoo 'k den Magister zelv', voor af, niet wilde spreeken...
Zyn neef, heer Simon, die hem zeer wel kend, naar 'k re-
Heeft gisteren aan my veel goeds van hem vertelt.   (ken,

LIZETTE.

Heer Simon?..

ORBIL.

Ja, zyn Neef... 't Is waar dat ik u meld ;
Myne oude beste vriend, van over zeven jaaren;
Een naar den ouden trant; zeer kundig en ervaaren.

LIZETTE.

Zyn vriend en bloedverwant, als ik u wel verfta?..

OR-

ORBIL.

Kan licht partydig zyn, niet waar? dit meend gy... Ja!
En deeze reden deed daarom my overhellen,
Om die verloving tot na morgen uitteftellen.

LIZETTE.

Tot overmorgen?..

ORBIL.

    Ja, zoo 'k leeve en ben gezond...
Slaat onze klok dan twee... Dat 's de bepaalde ftond...
Maar... Vier minuten na den tyd zyn reeds verftreeken,
Dat die Magister my alhier zou komen fpreeken...
Van deezen morgen zag ik hem hier ook al niet...
'k Zal onderzoeken uit wat oorzaak dit gefchied.
De ziekte ontfchuldigt hem... Maar ziek zal hy niet weezen.
Wêêr twee minuten... 'k Zou voor zyne komst nu vreezen.

LIZETTE.

Wil ik vertrekken?..

ORBIL.

    Neen: want zoo veel beter kan
Uw mond befchryving doen van haar' aanftaanden man.

LIZETTE.

Maar, met verlof, myn heer! kan hy geregeld leeven,
Die 's morgens niet verfchynd, en nu is weggebleven?...
Wêêr zes minuten...

ORBIL.

't Zyn 'er acht... Hy komt.

ELFDE TOONEEL.

ORBIL, DE MAGISTER, LIZETTE.

ORBIL.

Zoo laat,
Zoo laat, Magister!... Dit verbaast my in der daad.
Uw neef verfchafte my zoo gunstige gedachten,
Van uw character, dat ik 't my een eer mag achten,
Dat ik met u, myn heer! in nadre kennis raak'.

DE MAGISTER.

't Is ook voor my, myn heer! een wezendlyk vermaak,
Van met uw huis in een verbintenis te komen,
En dat myn neef voor my u zoo heeft ingenomen,
De tanto gratulor honore mihi, zou
De latinist, met recht, hier zeggen, zoo 'k vertrouw.

L I-

LIZETTE, *ter zyde.*

Dat 's van 't programma weer. Wat moet ik hier toch ma-
(ken?

ORBIL.

Maar, buiten twyfel, fprak uw neef met u van zaaken?..

DE MAGISTER.

Ja, dat uw dochter zeer beminlyk is... En... Dat...
Sapienti fat est... Ik geloof, dat gy 't bevat?

ORBIL.

[*Ter zyde.*]
Neen, niet geheel en al; Magister!... Dat 's eerst rennen...
Hy draaft 'er fchielyk door... Maar 'k moet hem beter ken-
[*Tegen den Magister.*] (nen.
Met myn latyn, myn heer! is 't juist niet al te breed,
Maar 't is, tot myn geluk, niet noodig... Als gy weet.
Ik ben een rentenier, en die myn vriend wil worden,
Moet ook een vriend zyn van geregeldheid en orden.

DE MAGISTER.

Ja!.. *Ordo mater studiorum est,* myn heer!
En, zonder het latyn, dat ik hier daaglyks leer...

ORBIL.

Ja, heer Magister, dat laat alles zich verklaren..:
Maar

Maar 'k zei u, in 't latyn ben ik niet zeer ervaaren.
Hoor alles, wat ik nog van 't fchool onthield, papa!..

    [*Hy fchreeuwt als een fchooljongen.*]

Audita hora est octava!.. feptima!..

Geen Academie heb ik, in myn jeugd, betreeden,
Daar vind men 't hooge fchool der ongeregeldheden.

DE MAGISTER.

Gy hebt geen ongelyk... Maar, o latyn! latyn!..
Gy moet, gewis, zoo wel als ik, verwonderd zyn,
Dat onze nachtwagts... Ach! ik kan het niet verzwygen,
Van hooger hand geen' last, bevel of order krygen,
Om in die taal, myn heer! wanneer de klok zal flaan,
Het uur te roepen, in de wyken, daar zy gaan,
Ten minste in elke wyk, waar in geleerden woonen.

ORBIL.

Spreek van de nachtwagts niet... Die menfchen moet men
            (loonen.
De nachtwagt van myn wyk, zou, ftont het maar aan my,
Zou opperpriefter zyn, myn heer! geloof my vry.
Hy heeft een ftem, gelyk de brandklok van den toren,
En, op den eerften flag, laat hy terftond zich hooren.
Zoo, zoo naauwkeurig is die man... En dat mist niet.

      D   DE

DE MAGISTER.

'k Heb daar niet tegen, maar myn heer! o! dat geschiet
In zulk een platte taal... 't Was beter, dat zy zweegen.

ORBIL.

't Is immers in de klank der woorden niet geleegen.
't Komt op de stem en op de rechte tydstip aan.
                              [*Hy ziet op zyn orlogie.*]
Maar 't is kwartier... De tyd is schielyk omgegaan.
Doch, om, in 't eind, myn heer! tot onze zaak te komen,
Ik heb, zoo wel uit uw geleerd gesprek, vernomen,

LIZETTE, *ter zyde.*

Ja van de nachtwagts.

ORBIL.

                    Als uit uw programma, dat
Heer Simon, uit uw' naam, my overhandigt had...
                              [*Hy zoekt 'er naar.*]

LIZETTE, *ter zyde.*

Ja, handelt het ook van de nachtwagts en hun orden,
Dan kan men lichtelyk een heer Magister worden.

ORBIL.

Hoe loflyk uw maniér van leeven is, myn heer!..
Maar ondertusfchen zoo verwondert het my zeer,
Dat, daar gy gisteren uw woord my had gegeeven,
Gy, deezen morgen, in 't geheel, zyt weggebleeven.

DE MAGISTER.

Dat 's waar, maar de oorzaak, dat ik achter weege bleef,
Was, dat ik toen juist aan een disfertatie fchreef,
Die mooglyk my, zoo ik daar mêê te recht kan raaken,
Profesfor extraordinarius zal maaken.
Wie denkt, by zulk een werk, myn heer! om uur of tyd?
Ook heb ik al gemerkt, dat gy te billyk zyt;
Te veel verftand hebt, om dit kwalyk uit te leggen.
Non quavis hora fit Mercurius, zoo zeggen
De latinisten... Is de tyd, waar in men vlug
En vaardig is, voorby... Hy keert niet wêêr te rug'.

LIZETTE, *ter zyde.*

En ik zeg u, in 't duitsch, het geene ik ook wil hopen,
Myn heer Magister, gy zult hier een blaauwtje loopen.

DE MAGISTER.

En daarom, wagt men my, daar ftoor ik my niet aan!
Zy blyven wachten, tot ik zwart op wit zie ftaan:

Want

Want heer! *memoria est labilis*... 't Vermogen...
Maar hebt ge ook iets te doen?.. Ik merk het aan uw oogen.
Kom, laat ons dan *ad rem* terſtond maar overgaan.

ORBIL, *ter zyde*.

Heer Simon is een guit!.. Die zaak is afgedaan...
Ik heb genoeg gehoort... Verlaat u eens op vrinden!..
Ach! is 'er dan geen een geregeld mensch te vinden
Op aarde?

TWAALFDE TOONEEL.

ORBIL, DE MAGISTER, LIZETTE, WIL-HELMINA.

WILHELMINA.

Vader lief! het ſloeg op 't oogenblik.

DE MAGISTER, *tegen Orbil.*

[*Ter zyde.*]
Myn Heer!.. *Quod Deus bene vortat*!... Ach! mag ik...
[*Hy trekt een paar witte handſchoenen
aan, hoest, en bereid zich, op eene
pedante wyze tot zyne aanſpraak.*]
Mejuffrouw! wat geluk... Uw oog verrukt myn zinnen...
Ik ben geheel verblyd!.. Myn hart ſpringt op van binnen.

OR→

ORBIL, *verlegen tegen den Magister.*

Wat ik u zeggen wil, Magister, waarde heer!..
[*Tegen Wilhelmina.*]
Myn dochter! lieve kind! hoor my... Keer gy maar wêêr,
Tot over een kwartier, als ik alleen zal weezen.

WILHELMINA, *ter zyde.*

Wat koddiger figuur!.. Die karel doet my vreezen.
Hy babbelt in 't latyn, en heeft aan elke hand
Een' witten handschoen... Dit is mooglyk myn galant?
[*Tegen hun beiden met eene neiging.*]
Ik ben uw dienares...

ORBIL.

Geen complimenten maaken!
Geen complimenten, kind! ik hou niet van die zaaken,
Laat ons alleen, Lizette! ik zal aan hem ronduit
Verklaaren wat ik denk, en wegens hem besluit.
[*Lizette vertrekt.*]

DE MAGISTER,

Myn heer! uw dochter is zoo ras dan wêêr verdweenen?.,
Geen schooner schepsel zag ik immermeer voorheenen,
Ach!.. *Ipsam Venerem,* dat zweer ik, *superat!..*
't Was of ik Venus zelv hier voor myne oogen had,

D 3 [*Te*

[*Ter zyde.*]

Ik moet 'er evenwel een einde aan zien te krygen,

[*Tegen Orbil.*]

Myn neef...

ORBIL.

Uw neef, myn heer!.. Wil van dien neef maar zwygen...
Hy was voor deezen, dat is waar, my wel een vriend...

DE MAGISTER.

Ik hoop, dat hy die eer, op heden, nog verdiend.
Zyn kleine eenzinnigheid, dat die u niet bezwaare...
Hy blyve altoos uw vriend... *Humanum est errare...*
Zoo zegt de latinist, myn heer! dat 's: elke gek,
Hoe goed zyn hart ook zy, heeft echter zyn gebrek.

ORBIL.

'k Heb liefde zoo voor vriend als vyand, en met reeden,
Ja spreek van beiden vaak in myne huisgebeden.

DE MAGISTER, *ter zyde.*

'tWord tyd, dat ik hem 't vuur meer aan de scheenen legg',
En hem het oogmerk van myn komst wat klaarder zegg',

[*Tegen Orbil.*]

Heer Simon heeft gezegd, dat gy my hier zoud wachten...

En,

En, waarde heer! gy weet de reeden, naar gedachten?
[*Hy grimlacht.*]

ORBIL, *ter zyde.*

'k Smoor van verlegenheid, en barst byna van fpyt...
Wat zal ik zeggen?.. Hoe raak ik den vent best kwyt?..
[*Tegen den Magister.*]
De reeden was, of gy... 'k Mag u niet langer kwellen,
Een differtatie voor my op zoud willen ftellen?

DE MAGISTER.

Een differtatie?.. En voor u?.. Is 't gekkerny?..

ORBIL,

Neen, inderdaad niet, heer Magister!.. Zeg het my?..

DE MAGISTER.

Dat kan ik niet verftaan.,. Gy weet, ik ben gekomen...
[*Hy grimlacht.*]

ORBIL.

Alleen om 't geene ik zei, en gy zoo hebt vernomen,
[*Een ftuk geld uit zyn zak halende.*]
Ik neem de vryheid voor uw' gang een kleinigheid...

D 4

DE MAGISTER.

Neen, nimmer... Waarlyk... Neen, myn heer, recht uit ge-
(zeid...

ORBIL.

Neem aan... 't Is goede munt... 't Is niet voor 't eerst, naar
('k reken...
'k Ben niet gewoon myn geld wêêr in myn' zak te steeken,
Dat reeds voor iemand is geschikt.

DE MAGISTER.

Gy zyt te goed...
Behouw uw geld, myn heer!... Ik bid u, dat gy 't doet...
Als ik uw schoonzoon ben.

ORBIL.

Myn schoonzoon!.. Fraaije reeden!..

DE MAGISTER.

o Ja, myn neef, myn heer! heeft alles my beleeden...
Gy kunt verzekerd zyn van myn stilzwygenheid.
Voor myn *sponsalia* word niemand iets gezeid.

ORBIL,

Daar word niet in getrêên,

DE

DE MAGISTER.

Zult gy uw woord niet houwen?

ORBIL.

Ik heb u niets belooft.

DE MAGISTER.

Myn heer! dat zal u rouwen.
Gy deed zulks aan myn' neef.

ORBIL.

Uw neef, die is een man,
Op wien men, in 't geheel zich niet vertrouwen kan;
Die geen geloof verdiend... Des wil van hem maar zwygen..
Gy zult myn dochter nooit van my ten huwlyk krygen,

DE MAGISTER.

Myn heer Orbil!..

ORBIL.

Myn heer Magister!..

DE MAGISTER.

Weet gy wel
Met wien gy spreekt?.. Eer ik tot gramschap overhell'.

D 5

OR-

ORBIL.

Met een' pedanten gek... Een' karel zonder orden,

DE MAGISTER.

Hoe, ik!.. Het fchreeuwd!.. Het is voor my om dol te wor
Ik, ik *Johannes Godefridus Blafius*...   (den...
Ik, ik, *Magister Philofsphiæ*... My dus...
My dus te handelen... En, zonder 't te verbloemen,
Recht in myn aanzicht, een pedanten gek te noemen...
O! dat verftrekt my tot een onverdraaglyk kruis...

ORBIL.

Christoffel, Jan Orbil is meester in zyn huis.

DE MAGISTER.

My, my, my!.. *Auctor immortalis!* dus te hoonen?..

ORBIL.

Ik zal, als vader van een deugdzaam kind, u toonen...

DE MAGISTER.

Ik zal in rechten u vervolgen!.. Daarom maak,
Dat ons verfchil, by tyds, wéér uit de waereld raak'.

OR-

ORBIL.

Ik zal myn huislyk recht, zoo gy niet gaat, gebruiken,
En, met geweld, o zot! uw' dwazen hoogmoed snuiken.

DE MAGISTER.

U, Zanggodinnen!.. U, o neegen! roep ik aan!..

ORBIL.

Ik u, myn klokken! die hier in de kamer staan!..

DE MAGISTER.

Mogt hier myn respondent; myn laatste, by my weezen,
Hy zou 't met zyn geweer wel afdoen... Gy moogt vree-
(zen!..
Wy spreeken, binnen kort, malkandren voor 't gerecht...
Coram pratore!

ORBIL, *hem by den arm vattende.*

Voort!.. Vertrek!.. Als 't is gezegd,

DE MAGISTER.

Ik zal u, *hominem audacem!*.. 'k Zal u spreeken...
[*Hy dreigd en vertrekt.*]

DER-

DERTIENDE TOONEEL.

ORBIL, *alleen.*

De hemel zy gedankt! de karel is geweeken...
Ik ben hem kwyt... Wat nu gedaan?... 't Is of ik dan
Geen een' geregeld mensch op aarde vinden kan?
o Neen! geen' eenigen... Kon ik dit ooit gelooven?
Wat achteloosheid... Dit gaat myn begrip te boven...
Valerius laat zyn orlogie ftille ftaan...,
En die Magister, dien men my heeft aangeraân,
Schryft disfertatien... Dit ftaat my, boven allen,
In 't minst niet aan; kan in 't geheel my niet bevallen...
o Simon! 'k heb in u een' valfchen vriend ontdekt...
Wat al verwarring hebt gy in myn huis verwekt?
Zou 't wel een wonder zyn, al ftonden all' myn klokken,
By die gelegenheid, zoo ftom, als houten blokken?..
Ik heb myn dochter hier ontboden, maar zoo waar,
Ik wil wel fterven, zoo ik weet, wanneer ik haar
By my ontboden heb... Zy kwam, een wyl geleeden,
Maar juist op 't oogenblik, dat de ongeregeldheden
Op 't hoogfte waaren... Die Magister!.. Ja, aan hem
Zal ik gedenken... Nog, nog beef ik van zyn ftem...
Hield heer Valerius maar een geregeld leeven,
'k Zou nog, zoo waar ik leef, myn dochter aan hem geeven,
Al was het maar om my te wreeken aan dien vent;

Aan

Aan dien Magister!.. Och! kwam hy hier nooit omtrent...
't Schreid tot den hemel, dat, op 't gansfche rond der aarde,
Geen een geregeld mensch gevonden word van waarde.

VEERTIENDE TOONEEL.

ORBIL, LIZETTE.

[Lizette wil zich naar Wilhelmina begeeven.]

ORBIL.

Waar hêên, Lizette?

LIZETTE.

Naar de juffrouw.

ORBIL.

Hoor eerst hier.
Wat zegt gy toch van dien Magister?

LIZETTE.

Niet een zier,
Als dat ge uw dochter hem ten huwlyk aan moest bieden,
Wyl hy geregeld is.

ORBIL.

Neen! dat zal nooit gefchieden.

Hebt

Hebt gy dan niets van dat verduiveld ding gehoord;
Die disfertatie?

LIZETTE.

Neen, myn heer! geen enkel woord.
'k Had overvloedig aan 't programma.

ORBIL.

Wil maar zwygen
Van dat vervloekte ftuk, of ik zal hoofdpyn krygen.
't Zyn fraaje loopjes, waar zich Simon van bediend,
Om goê gedachten my te geeven van zyn' vriend.

LIZETTE.

Wien raakt dat?.. Simon of Magister?

ORBIL.

Allen beiden.
Ik zou hen evenwel nog kunnen onderfcheiden,
En vind Magister nog veel beter dan dien fielt.

LIZETTE.

Dien huichelaar!

ORBIL.

Dien fchurk! dien Simon! waard vernield...

LIZETTE.

o, Die verrader!

ORBIL.

Ik ben juist geen vriend van schelden.

LIZETTE.

Ik ook niet.

ORBIL.

Maar ik zal zyn schelmstuk elk vermelden,
Zoo lang ik leef.

LIZETTE.

En ik zwyg ook 'er nooit van stil.

ORBIL.

Was ooit een vader zoo rampspoedig, als Orbil?

LIZETTE.

Dat zyt gy niet, zoo lang ge een dochter moogt behou-
Zoo schoon, zoo deugdzaam...   (wen,

ORBIL.

Maar met wien laat ik ze eens trouwen?

LI-

LIZETTE.

Met heer Valerius.

ORBIL.

Een ongeregeld mensch;
Gansch zonder orde... Neen! dat is niet, 't geen ik wensch...
Die geen orlogie draagt...

LIZETTE.

Zal ik u niet mishaagen,
Zoo hoor my... 'k Zag, van daag, hem twee orlogies draa-
(gen.

ORBIL.

Hoe twee Orlogies?..

LIZETTE.

Ja myn heer! 't is zeeker waar.
[*Zy wyst aan beide de zyden.*]
Het ééne droeg hy hier, en 't andre droeg hy dáár.
En ik geloof byna, heb ik niet misgekeeken,
Dat hy 'er nog een had in zyne fnuifdoos fteeken.

ORBIL.

Welk een verandering!.. Dat was een groote zaak...
Maar

Maar ik heb evenwel, geensſins tot myn vermaak,
Van zyne buuren, meer dan eens, bericht bekomen;
Dat gansch geen vaste tyd van hem word waargenomen;
Als hy naar bed gaat, en wanneer hy wêêr verryst.
Ook dat hy 's middags, op verſchillende uuren, ſpyst.

LIZETTE.

Die booze waereld, heer Orbil! die booze buuren ".
Gelooft toch alles niet... Men legt u in de luuren...
Gedenk aan Simon maar...

ORBIL.

Ja, die verwenschte vent;
Ik wenschte wel, dat ik hem nimmer had gekent.
De hemel zal hem eens, voor 't geen hy deed, vergelden;
En ik, heb ik eens tyd, twee uren, op hem ſchelden...
Wat goeds heeft hy van dien Magister niet vertelt?

LIZETTE.

Denk, dat dat zelfde nu, omtrent die buuren, geld
Van heer Valerius... Gy kunt ze niet vertrouwen,
Maar moet, in 't zelfde licht, als Simon, hen beſchouwen...
Doch ik verzoek, myn heer! dat ge eens vooronderſtelt,
Dat alles, wat men u van hem wel heeft verteld,
Niet gansch gelogen was... Hy had eens iets bedreeven,

E   Dat

Dat gy den naam van buitenſporigheid wilt geeven,
Dan was 'er reeden voor... Hoor my, ik ken zyn' knecht,
Die heeft my, in 't geheim, dit volgende gezegt:
Zyn vader, koopman in Berlyn, vond zich laatstleeden,
Omtrent zyn goedren, in zeer naare omſtandigheden,
Ja, op den oever, dat hy al zyn geld verloor...
Zyn zoon Valerius was daar bekommerd voor,
Ja, vol zwaarmoedigheid, gelyk gy wel kunt denken,
Zoo, dat hem dat geval de herſſens ſcheen te krenken,
En die zwaarmoedigheid was zeker de oorzaak, dat
Hy ſchier de wetten van geregeldheid vergat...
't Gevaar is nu voorby... Zyn vader buiten zorgen,
En ik verbeur myn hals...

ORBIL.

Waarom my dat verborgen?
Nu weet ik de oorzaak van 't gezucht; dat naar gezicht,
Waardoor hy my, ſomtyds, maar gansch niet heeft geſticht.
Die arme man... Zoo waar, ik zou wel haast beginnen
Hem, ondanks zyn gedrag, een weinig te beminnen.

LIZETTE.

o Dat verdiend hy ook volkomen... Zoo dunkt my...
En zyn vermogen ook in veiligheid daar by.

ORBIL.

't Vermogen! dat is niets... Dat acht ik niet met allen...
Maar twee orlogies, dat begint my te bevallen;

LIZETTE.

Zoo fraai van lichaamsleest...

ORBIL.

En die hy by zich draagt.

LIZETTE.

Nog fraajer ziel...

ORBIL.

En die ook loopen. Dat behaagt...

LIZETTE.

Nog zyn bediening, die gelegenheid zal geeven,
Om ruim en deftig met zyn huisgezin te leeven.

ORBIL.

Maar zeg... Wat denkt gy... Zou niet elk een flagwerk zyn?

LIZETTE.

[Ter zyde.]
Gy spreekt ook eeuwig van orlogies... Welk een pyn.

E 2 't Is

[Ter zyde.]
't Is elk een flagwerk...Ja...Maar 'k zou wel kunnen misfen,

ORBIL.

Wie of dat immer van Valerius kon gisfen.
Dat loopt, zoo waar, al myn verwachting verr' voorby.
En hy gebruikt hen ook, zoo 'k hoope, op zyn gety,
By 't eeten, drinken, by het opftaan, by 't gaan leggen.
En dan et cetera, et cetera?.. 'k Wil zeggen...

LIZETTE.

Dat lyd geen twyfeling, in 't allerminste... Want
Hy, die een ampt verkrygt, heeft, by dat ampt, verftand.
En zou een jongman geen gereegeld leeven leiden,
Die twee orlogies draagt?.. Dat 's niet van een te fcheiden,

ORBIL.

Wel, ik ben overtuigt... Lizette! gaa, loop hêên,
En haal hem hier by my... Dan wil ik, zoo met een',
Zyn zakorlogies zien!.. Ik wil ook tevens hooren
Hoe dat ze flaan... Maak, dat de tyd niet gaa verloren.
Ik wil van alles oor en ooggetuigen... 'k Moet...
En, zoo my, 't geen gy zegt, gelyk ik hoop, voldoet,
Zal 'k hem verzoeken, dat hy met myn kind will' trouwen.
[Op dit oogenblik komt Valerius uit een zyvertrek,
waar in hy alles beluistert heeft.]

VYF-

VYFTIENDE TOONEEL.

ORBIL, VALERIUS, LIZETTE, JAN.

ORBIL.

Myn heer Valerius! mag ik u hier aanfchouwen?..
Zyt welkom! welkom.

[*Hy ziet naar de orlogies van Valerius.*]

VALERIUS.

Heer!.. Vergeef my, zoo 'k u ftoor?..

ORBIL.

Een man van orde krygt by my altoos gehoor;
Verftoort my nooit, myn heer!.. Maar, eer ik verder treede..
Vergun my een verzoek; een zeer geringe beede...
Laat ons eens beiden zien, hoe onze orlogies gaan...
Of zy verfchillen... Neen... Zoo waar!.. Ik zie zy ftaan
Gelyk... Ik zie het... Net, net, net kwartier voor vyven..,
Kom, ga nu zitten. Gy moet hier nog wat verblyven,

VALERIUS,

Ik gaa niet zitten, voor het vyf geflagen heeft.
Gy ziet een' jongman, die thans zeer gereegelt leeft.,,
Het geene ik zegge is waar... Verdenk my van geen kuuren.

E 3 Ik

Ik heb, by dag en nacht, myn heer! byzondere uuren;
Vaste uuren, dat ik zit, vaste uuren, dat ik sta...

JAN, *ter zyde.*

Vaste uuren, dat ik Jan, dien armen duivel, slaa;
Hem afrosf', en den huit hem vol fchelde, onder 't kloppen;
Vaste uuren, om Orbil, recht naar de kunst, te foppen.

ORBIL.

Myn heer Valerius! hoe kostelyk is dat...
Ach! dat ik u omhelfe en in myne armen vatt'!..
Zit niet voor vyven... 'k Zal dit, met vermaak, befchouwen;
Ook ftaande blyven, en uw dus gezelfchap houwen.

VALERIUS.

Ik achtte my verplicht te zyn, myn heer! my nu
In een character te doen zien, waar in ik u
Te voren niet verfcheen; in een manier van leeven,
Waar in ik u, tot hier, was onbekend gebleeven,
En die ik, fchoon aan my natuurlyk eigen, door
't Onzekere geval myns vaders, ach! verloor.

ORBIL.

'k Ben daar van onderricht, en wil, van harte, deelen
In al de blydfchap, daar ge u zelven door voelt ftreelen.

VA-

VALERIUS.

Een koopman mist , wanneer hy ongelukkig word ,
Meer dan een' andren , die in armoê nederftort :
Want , met zyn goed , gaat ook zyn goede naam verloren,
Gelyk gy weet... En dan veel liever nooit geboren !
Myn vader , die , alom , voor de eerelykfte man ,
De braaffte koopman , dien men ergens vinden kan ,
Te boek ftaat , was byna , door 't algemeene breeken
Der banken , arm en van zyn goederen verfteken...
Mismoedigheid verflond me... Ik hield zyn' val voor vast..,
'k Leefde ongereegeld , en myn' vrienden tot een' last.

ORBIL.

o Dat is alles reeds vergeeven en vergeeten !
Elk heeft zyn zwakheid , vriend ! gelyk wy allen weeten..,
Het ging my ook zoo in 't jaar veertig... Houw u ftil..,
Laat zien... Laat zien... Ja ! op den eerften van April.
Myn huisvrouw zaliger , myn heer ! had , in die tyden ,
Door ongemeene last in 't hoofd , zeer veel te lyden.

[Met eene zachte ftem.]

Ik mymerde... En dit trof my zoo geweldig , dat
Ik , in die mymering , volftrekt vergeeten had ,
Om al myn klokken... Denk myn klokken op te winden...
Maar dit blyft onder ons, als onder goede vrinden.

E 4

[*Lui-*

[*Luider.*]

't Verwondert my dies ook, in 't allerminste niet,
Dat dit verzuim aan uw orlogie is gefchied,
In die zwaarmoedigheid, die gy aan my, zoo even,
Met zoo veel nadruk; zoo aandoenlyk hebt befchreven.
Maar dank den hemel! die gevaaren zyn geweest.

VALERIUS.

Myn vader echter, nog bekommert en bevreest,
Dat, door den tyd, en wisfelvalligheid van zaaken,
Hy andermaal in dat gevaar zou kunnen raaken,
Heeft nu befloten, om, den overigen tyd
Zyns leevens, aan de rust en eenzaamheid gewyd,
Op zeker landgoed, in genoegen, door te brengen,
Of hy daar, door vermaak, zyn dagen mogt verlengen.
En wyl hy dus, voortaan, zoo veel niet noodig heeft,
Wanneer hy voor zich zelv', en niet voor andren leeft,
Heeft hem de liefde voor zyn' zoon doen refolveeren,
My zulk een capitaal gulhartig te vereeren,
Waar van ik, buiten hem, fatfoenlyk leeven kan.

ORBIL.

Die tyding is zeer goed. Dat is een bestig man.
Maar, met dat alles, fchynd gy echter nog verleegen?

VALERIUS, *zyn orlogie uithalende.*.

Gy treft my!.. En waarom dan de oorzaak u verzweegen
Van die verlegenheid?.. Neen! 'k Zeg ze aan u terſtond...
't Is heden vyſtig jaar , dat vader zich verbond
Aan myne moeder... En, juist net kwartier voor vyven...
Dit moet niet, zoo my dunkt, voor u verborgen blyven.

ORBIL.

Kwartier voor vyven?..

VALERIUS.

Ja!

ORBIL.

En dat net vyſtig jaar?..
Wel die merkwaardigheid verbaaſt my... Waarlyk waar!

VALERIUS.

En die merkwaardigheid doet vurig my verlangen ,
Dat ik, op dat moment, uw dochter mooge ontvangen
Van uwe hand. Ik zweer, dat ik haar têêr bemin.

ORBIL.

Gy zult ze hebben... Ja, myn heer! Ik ſtem 'er in.
Maar 't is niet mooglyk, dat zy zich aan u verbinde,

E 5 Op

Op 't oogenblik, waar op uw vader zyn beminde
Getrouwd heeft... O, myn heer! wat is dat jammer... Maar
't Kan nu volftrektlyk niet gefchiên... Gy zyt niet klaar
Met een bewilliging uw vaders... Niet voor morgen
Kan hy een handfchrift.

VALERIUS.

Dat kan ik u nu bezorgen...
Is dat de zwarigheid alleen? dan is zy weg.
[*Hy geeft hem een' opengebroken' brief.*]
Het geene ik deed, myn heer! deed ik met overleg.
Ik minde uw dochter lang... Zy my. En, zonder vreezen,
Dat gy, myn heer! daar in een hinderpaal zoud weezen,
Vroeg ik myn' vader om bewilliging vooraf,
Die hy, op myn verzoek, my ook goedgunstig gaf.

ORBIL, *leezende,*

Ik ken zyn hand. De man is braaf en oud van dagen.
[*Hy ziet naar de dagtekening.*]
Hoe, tien October?.. O! die dag kan my behaagen!
October tien... Wel!... Dat was juist dezelfde tyd,
Waar op ik, twintig jaar geléên, zoo was verblyd,
Toen ik myn beste klok gekoft had.. Wel!.. Kan 't weezen?..
Gy hebt ze zekerlyk wel eens gezien, voor deezen...
Ze is fraai... Ik meen die klok in onze groote zaal...
O!

O! wat verfchaft dit uur me een aangenaam onthaal.
October tien!.. Wel! wel! wat al merkwaardigheden
Gaan hier te famen tot uw voordeel... Maar, fus... fus...

[Hy ziet naar de klok.]

Verliezen wy geen' tyd, myn heer Valerius!
Na vier minuten kunt gy my hier wêêr verwachten.

ZESTIENDE TOONEEL.

VALERIUS, LIZETTE, JAN.

LIZETTE.

Myn heer! gy fpeelt uw rol volmaakt, naar myn gedachten.
Men zou fchier denken, dat men in den fchouwburg kwam.

VALERIUS.

De liefde is oorzaak, dat ik zulk iets op my nam,
En wyl de hoofdzaak, van al 't geen hier is bedreeven,
't Verlof myns vaders is, tot deezen echt gegeeven,
En ik, met waarheid, kan betuigen, als hy leeft,
Hy dan nog, in dit jaar, de gouden bruiloft geeft.
Zoo denk ik, dat het op all' de ovrige epifoden
Niet aan zal komen : want die had ik hier van nooden.

JAN.

Als ge ons legaat maar niet by die pifoden ftelt,

Hoe

Hoe noemt gy 't tuig, dat gy van geen belang meer teld?
Dan, dan is alles wel.

ZEVENTIENDE TOONEEL.

ORBIL, WILHELMINA, VALERIUS, JAN,
LIZETTE.

VALERIUS, *Wilhelmina omarmende.*

O. Schoonste der jonkvrouwen!
Ik mag u, eindlyk dan, gelyk de myne aanfchouwen.

WILHELMINA.

Myn lief Valerius! de zwarigheden, die...

ORBIL.

Geen woord, geen enkel woord... Wat is het, dat ik zie?..
Wy zouden anders in den tyd ons licht vergisfen.
't Zal ftraks vyf uuren zyn... Ik zou myn oogmerk misfen.
            [*Hy houd het orlogie gedurig in de hand.*
                Haald een papier uit zyn zak, en zegt,
                na eene korte tusfchenpoozing.]
Ziet daar, aanflaande bruid en bruigom! 't Formulier
Van trouw en ondertrouw... Ik ftelde 't op 't papier,
Daar moet geen woord, ja zelfs geen comma aan ontbreken.
                                                    Men

Men moet voorzichtig zyn ; een mensch kan zich verfpree-
    [*Hy leest voor Wilhelmina.*] (ken.
,, Juffrouw Wilhelmina Orbil! wilt gy met myn' heer
Samuel Gottlieb Valerius in 't huwelyk treeden?''

WILHELMINA.

o Ja!

ORBIL.

  Gy fpreekt te vroeg !.. Spreekt beiden te gelyk.
Het ftampen van myn voet zy u daar toe een blyk.
    [*Hy leest voor Valerius.*]
,, En gy Samuel Gottlieb Valerius , wilt gy u met my-
  ne dochter Wilhelmina Orbil voor al uw leeven ver-
  binden?''
  [*Hy ftampt.*]
Nog twee feconden...

WILHELMINA en VALERIUS, *te gelyk.*

Ja!

ORBIL.

    Nu is 't precies vyf uuren.
Ontvangt myn zegen... Neen! 't moet een kwartier nog duu-
Ik moet in alles aan den juisten tyd voldoen... (ren...
         Spreek

Spreekt nu vry uit, maar geeft malkandren nog geen' zoen.

VALERIUS; *teeder.*

Myn Wilhelmina?

WILHELMINA.

Myn Valerius !... 'k Moet zwichten...

JAN.

Myn heer Orbil! wilt ge ook nog een goed werk verrichten,
In dat kwartier?.. Wist gy, myn heer! hoe fraai 't u ftaat;
Gy zult Lizette en my verplichten... In der daad!
Wy willen beiden te gelyk graag antwoord geeven.
Ik mag juist ook van daag, een dag, my waard, beleeven;
Den waarden naamdag van myn grootmoêr: want haar naam
Was... was... was... was... was... was...   [*Ter zyde.*]
                    Hoe redde ik my bekwaam?..
't Staat in myn almanak... Maar die leid nu juist boven.

ORBIL.

Een naamdag, Jan! heeft geen betrekking op 't verlooven.
Maar zoo gy anders een geregeld jongman zyt...

JAN.

Daar haperd het niet aan. Ik let wel op den tyd.
                                    De

De losheid van myn heer heeft dikwils my doen treuren,
Maar federt dat ik zyn verandring mogt befpeuren,
Neem ik geen fnuifje, of moet vooraf bezien, hoe laat...
Hoe laat, myn waarde heer! hoe laat de wyzer ftaat.
Ik trok myn hairen uit... Ja, 't zou myn hersfens krenken,
Zoo ik in 't eene uur meer, dan 't andere uur moest denken.

ORBIL, *tegen Valerius.*

Die borst behaagd my... Zyt gy over hem voldaan?

VALERIUS.

Volkomen.

ORBIL.

Komt dan hier, en gaat daar beiden ftaan.

JAN en LIZETTE *doen zulks, en roepen beiden luid.*

Ja...

ORBIL.

Gy fpreekt veel te vroeg... Zoo haastig niet, myn vrienden!
Wacht nog een weinig... Gy zyt alle bêî bedienden.
                    [*Tegen Jan.*]
Wanneer verfchynd de tyd, waar op uw huur begon?

JAN.

JAN.

Ik heet Jan Triller!

ORBIL.

[*Ter zyde.*]
'k Wouw, dat hy 't my zeggen kon...
Maar ziet hy ſpringt van vreugd; de blydſchap doet hem
(zwygen,
Hy word uitzinnig, nu hy ook een vrouw zal krygen.
[*Tegen Valerius.*]
Heer ſchoonzoon, zoo gy 't weet... Ei zeg het dan aan my,
Wanneer verſchynd zyn jaar?.. Help gy hem uit de ly.

VALERIUS.

Den laatſten dezer maand... 't Legt vast in myn gedachten.

JAN.

o Ja! des avonds, heer! precies kwartier voor achten.

ORBIL.

Goed!.. Op den zelfden dag... Precies het eigen uur,
Zal uw verlooving ook geſchieden.
[*Jan ziet zuinig.*]
Kyk niet zuur!..
En, als Lizettes jaar ten einde is, kunt gy trouwen,
En, zoo het u gevalt, te ſamen bruiloft houwen...

Ik

Ik zal eens nazien op wat uur haar dienst begon,
En dan zou 't best zyn, als ik dit ontdekken kon,
Dat ze, op dat oogenblik, aan u getrouwd kon worden,
Dat zou geregeld zyn, en alles net in orden.

[*Hy fchrikt.*]

Maar hemel!... aċh! daar komt de heer Magister aan.

ACHTIENDE TOONEEL.

ORBIL, WILHELMINA, VALERIUS, DE MAGISTER, JAN, LIZETTE.

ORBIL.

Wat komt gy doen, myn heer? blyf hier maar vry van
Myn dochter is verlooft... Ik heb geen andre dingen (daan..,
Aan u te zeggen... Gy kunt my niet verder dwingen,
Al waaren ook al uw collegien...

DE MAGISTER.

Ik kom
Hier om die reden niet, myn heer! maar enkel, om...
O! *fum infelix!*.. over 't ongelyk te klaagen,
Dat ik van mynen neef, zoo even, moest verdragen.
Ik geef hem een bezoek, om hem verflag te doen
Van 't voorgevallene... En, kon ik 't ooit vermoên,

F   Dat

Dat onbezonnen mensch heeft my zyn huis verboden,
En, in de plaats van my, gelyk voorheen, te nooden,
Twee dagen in de week zyn tafel ook ontzegd:
Want, 's maandags, vrydags, wierd daar voor my aange-
(recht.

  V A L E R I U S, *Orbil een' wenk geevende.*

Heer vader!.. .

    O R B I L.

   Ja, ik meen uw meening al te weeten.
Myn heer! kom, vrydags en ook maandags, by my eeten.
Maar, met het flaan der klok van twaleven... Precies.
Dan brengt men 't eeten op... Weet, dat ik dat verkiez'.
  [*Hy haalt zyn orlogie uit, en verfchrikt.*]
Precies kwartier!..
    [*Tegen Valerius en Wilhelmina.*]
   Ontvangt myn' vaderlyken zeegen...
Leeft lang... Gereegeld kroost word, door uw echt, ver-
(kreegen.
  [*Hy haalt het voorgemelde papier uit zyn zak,
en leest op een' pedanten toon.*]
„ Aldus gedaan, in het jaar, na de fchepping der wae-
reld, volgens de tydrekening van Calvifius, 5712;
na den zondvloed: 4056; na de verwoesting van Je-
ruzalem, 1693, na het uitvinden van het gefchut en bus-
kruid, 383; na het uitvinden der flingeruurwerken, 106.
         J A N,

JAN, *ter zyde.*

Zegt hy niet : na myn brein op hol ging, 't is gewis,
Dat deeze rekening des tyds gebreklyk is.

ORBIL, *vervolgende.*

,, Na Christus geboorte 1763; 't welk een gemeen jaar
   is, van 365 dagen, op den 17 November, na den
   middag ten vyf uuren en vyftien minuten.''

Omhelsd malkandren nu... Voldoet vry uw verlangen!
Denk fteeds : ik heb dien kusch, juist... juist van haar ont-
Kwartier en een minuut na vyven... Ja! dat 's net. (vangen,

JAN, *ter zyde.*

Voor deeze reis moet zyn orlogie zyn verzet.

DE MAGISTER.

Myn waarde heer! ik neem, met innerlyk genoegen,
In alles deel, ook dat gy haar hem toe wilt voegen,
Gelyk ik heb gehoort... En zal, ten blyk daar van,
De *disfertatie*, die 'k begon, zoo ras ik kan,
Volente Deo, aan hun beiden dediceeren.

ORBIL.

Magister! neen! gy zoud hen, daar door, niet veteeren.

Om 's hemels will , fpreek van die *disfertatie* niet.
Wy zyn geen vrienden, zoo dat immer weer gefchiet.

DE MAGISTER.

Nu, naar het u gevalt, ik ftem 'er in volkomen;
Ik ben te vreede , en heb iets anders voorgenomen...
Om, door myn' arbeid, en de vruchten van myn' geest;
't Valeriaansfche en Orbiljaansfche myrthenfeest,
Zoo pryzenswaard en zoo naby , een zuil te ftichten,
Die 't zal vereeuwigen, in myn latynfche dichten.
Voor eerst , op dat daar uit de gansfche waereld hoor',
Dat gy my, op deez dag, wêèr voor uw' vriend verkoor,
En my , zoo onverdiend, de goedheid wouwd bewyzen,
Om, tweemaal in de week , aan uwen disch te fpyzen.

ORBIL.

Ja! dat is alles wel , myn heer Magister ! maar
Dan moet ge , in dat gedicht, de gansfche waereld klaar
Beduiden, en aan elk , zoo groot als klein, doen weeten,
Dat wy alhier, precies ten twalef uuren, eeten.
Geef des der waereld niets, ten halven, te verftaan,
Door dit te doen,word vaak meer kwaads dan goeds gedaan.
't Blyft ondertusfchen, zoo als ge aanftonds hebt vernomen,
Gy kunt, des maandags en des vrydags, by my komen.
Maar, *in parenthefi*, gy zyt reeds dertig, heer ?

DE MAGISTER.

Ja! dertig jaaren, met veel lofs, met roem en eer,
En nog een *lustrum.*

ORBIL.

Jan!.. Gy moet hier wel op letten,
En doen een' leunftoel voor myn heer aan tafel zetten.
Dat moet zoo zyn; dat komt hem toe... Magister, hoor!
Ik heb in myn famielle eens ingevoert, dat vóór
De dertig jaar, geen mensch een' leunftoel mag bekleeden,
Als, *nota bene*, een vrouw, in zulke omftandigheden,
Als men gezegend noemd...Myn fchoonzoon geef wel acht,
Dat foortgelyk ook, als gy huishoud, word volbragt.

DE MAGISTER.

Maar, om ten eenemaal niet van den text te raaken,
Ik wilde graag, myn heer! een zeker ftukje maaken,
Behalven myne zuil, zo even reeds gemeld,
Het zy 't in *profa*, of *ligata* wierd gefteld,
Om, *fole clarius*, den bruidegom te toonen,
Hoe weinig vyandfchap en haat myn hart bewoonen,
Om deeze voorkeur, die hem, op deez' grooten dag,
Van u en van zyn bruid, myn heer! gebeuren mag.

ORBIL.

Dat is veel beter, zoo myn heer! dat laat zich hooren!
Stel dan maar zoo iets op... En, zoo 't u kon bekooren...
Maar dat is licht te zwaar... Als 't eens een vaarsje was...
Waar in men net het jaar van deezen trouwdag las...
, Een...

DE MAGISTER.

Een chronostichon...

ORBIL.

         Dat is het... Wel te weeten.
Lizette, Wilhelmine... O! wilt het niet vergeeten...
't Is een chro-nos-ti-chon... Het kost aan ons wel vier
Seconden. Maar dat is, dat acht ik niet een zier.
't Is ook wel vier seconden waard. Dat wil ik zweeren!
Ja! als ge ons zoo iets op de bruiloft kost vereeren.

DE MAGISTER.

Goed!.. goed, myn heer Orbil! gy zult het hebben : want
Van zulke vaarsjes heb ik wel het meest verstand.
Dat zeg ik, zonder roem... Wil in 't geheel niet schroomen,
Zoo ge alles maar alleen op my wilt aan doen komen.

ORBIL.

En als 'er dan de dag ook meede in komen kon.

DE MAGISTER, *ter zyde.*

De dag !.. *re vera!..* 'k Weet niet hoe hy dit verzon...
Dus ziet men, hoe een mensch, die 't leger van Minerve
Niet volgd, nog eens vernuft kan krygen, eer hy sterve.
                    [*Tegen Orbil.*]
Ik zal beproeven, wat myn kunst hier in vermag,
En flaagt het... Dan brenge ik een tydvaars aan den dag.

ORBIL.

Doe zoo, en maak dan ftaat op myne erkentenisfen...
                [*Hy ziet op 't uurwerk.*]
Nog tien minuuten... Of ik moest my zeer vergisfen...
Niet waar, myn fchoonzoon?

VALERIUS.

Juist.

ORBIL,

              Wel aan... Lizette... Jan...
Elk zett' de ftoelen klaar, zoo fchielyk, als hy kan.

                                        Ten

Ten zesfen... 'k Zal 'er, met naauwkeurigheid, op letten...
Zoo als de klok zal flaan, moet elk zich nederzetten...

E I N D E.

Milton Keynes UK
Ingram Content Group UK Ltd.
UKHW051915031123
431812UK00009B/323